청소년부
학생용

3과정 1학기

The Kingdom of God in the Bible

하나 바이블

하나님 나라의 전파

대한예수교장로회총회

Contents

» 3과정 1학기 »

5단원 공동체를 통해 삶의 현장에서 나타나는 하나님 나라

6단원 하나님 나라 백성의 모습

절기&특별

특별활동

하나 바이블 청소년부 앱 이렇게 활용하세요!

학생용

① 선행 학습 : 주중에 성경 공부를 미리 학습합니다.
② 나무를 보다 : 영상을 보고 느낀 점을 댓글로 서로 나눕니다.
③ 길을 걷다 : 매주 주중 미션을 앱으로 확인합니다.
④ 신앙 점검 : 개인 신앙점검표를 날마다 작성합니다.

QT

① 매일 큐티 : 매일 앱 큐티로 말씀을 묵상합니다.
② 기도 제목 : 매일 영역별 기도 제목으로 기도합니다.
③ 묵상 댓글 달기 : 묵상한 내용을 적고 함께 공유합니다.
(우리 교회 댓글만 볼 수도 있어요)

커뮤니티

① 신앙 상담 : 신앙생활에 대한 고민을 해결해 드립니다.
② 'Faithbook' : 전국 청소년 신앙 커뮤니티를 지원합니다.
③ 교육 콘텐츠 : 검증된 기독교 교육 자료 및 정보를 공유합니다.

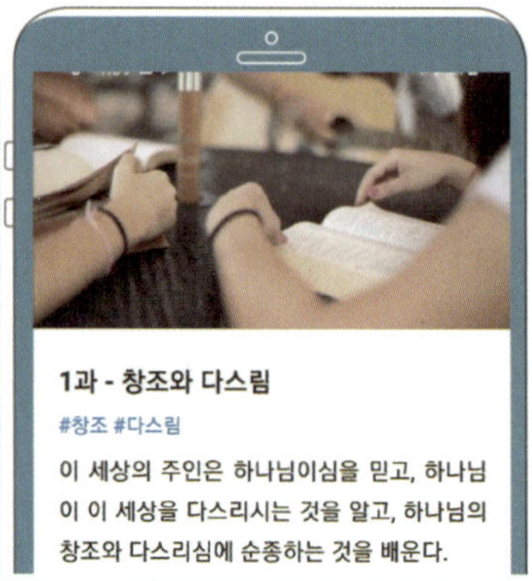

하나 바이블 청소년부 앱 (APP) 사용법

앱 실행 가이드

1. QR 코드를 찍거나 스토어에서 '하나 바이블 청소년'을 검색해 주세요.

2. 하나 바이블 청소년부 앱 다운로드 링크에 접속하여 앱을 내려받아 설치해 주세요.
(앱 다운로드 링크와 사용 설명 영상 링크를 확인할 수 있습니다.)

3. 설치된 앱을 실행하여 회원 가입을 해주세요.
(사용자에 맞게 지도자, 교사, 학생으로 가입해 주세요. 각 반 교사로부터 멤버십 코드를 받아 인증을 합니다. 교사와 학생은 같은 반으로 편성됩니다. 자세한 사항은 위 '앱 실행 가이드'를 참고해 주세요.)

4. 로그인하여 다양한 앱 콘텐츠로 성경 공부 교재를 편리하게 사용하세요.
또한 교회학교 부서를 효과적으로 운영할 수 있습니다.

5. 앱 관련 문의는 02) 559-5643 혹은 총회교육.com, 카카오톡 플러스 친구 '총회교육개발원'으로 해주세요.

Preaching the Kingdom of God

1 단원

예수님의 명령대로 전파되는 하나님 나라

The Kingdom of

1과 예수님의 하나님 나라 전파 명령

예수님은 제자들에게 하나님 나라 전파를 명령하신다.

2과 전파하는 믿음의 공동체

하나님 나라를 전파하는 교회는 하나 되어 나누는 공동체를 이룬다.

3과 예수님 이름의 능력으로 전파

하나님 나라는 예수님 이름의 능력으로 전파된다.

4과 성령님의 지혜와 능력으로 전파

하나님 나라는 성령님의 지혜와 능력으로 전파된다.

1 예수님의 하나님 나라 전파 명령

읽을 말씀 사도행전 1:3~11 외울 말씀 사도행전 1:8

숲을 만나다

오늘 들은 말씀을 단어나 문장으로 정리해 봅시다.

40일 동안 하나님 나라를 가르치심 → 예수님의 명령 → 성령이 임하시면 → 증인이 되리라

예수님이 제자들에게 하신 명령은 무엇입니까?

- 그들에게 분부하여 이르시되 [ ] 을 떠나지 말고 내게서 들은 바 아버지께서 [ ] 하신 것을 [ ] (4절).
- 오직 [ ] 이 너희에게 임하시면 너희가 [ ] 을 받고 예루살렘과 온 유대와 사마리아와 땅 끝까지 이르러 내 [ ] 이 되리라 하시니라(8절).

THE 하나바이블

예수님은 제자들에게 하나님 나라 전파를 명령하십니다.
우리도 이 명령을 붙잡고 증인의 삶을 살아야 합니다.

나무를 보다

복음의 증인으로서 내가 전해야 할 예수님은 어떤 분이신가요?

영상 QR 코드

나는 지금 하나님 나라를 전파하는 증인의 삶을 살고 있나요?

STEP 1

열매를 맺다

STEP 2

우리는 성령님이 주시는 능력을 사모하며 예수님을 전하는 삶을 살아야 합니다. "땅끝까지 내 증인이 되리라"라고 명령하신 예수님의 말씀을 어떻게 내 삶 가운데 실천할지 구체적으로 적고 나누어 보세요.

누구에게	
어떻게	

길을 걷다

한 주간 동안 성령님의 능력을 구하며 스텝2에서 결심한 내용을 실천합시다. 실천한 후 반별 온라인 커뮤니티(SNS, 단체 채팅방)가 있다면 소감을 올리고 서로 격려해 주세요.

☑ 체크리스트에 선생님의 사인을 받아 주세요.

2 전파하는 믿음의 공동체

읽을 말씀 사도행전 2:43~47 외울 말씀 사도행전 2:47

숲을 만나다

오늘 들은 말씀을 단어나 문장으로 정리해 봅시다.

많은 기사와 표적 → 물건을 통용하고 필요를 따라 나눔 → 모이기를 힘쓰는 공동체 → 날마다 수가 더해짐

초대교회의 모습은 어떠했으며, 그들의 삶을 통해 나타난 결과는 무엇이었나요?

- 모든 물건을 서로 (   ) 하고(44절).
- 각 사람의 필요를 따라 (   ) 주며(45절).
- 날마다 마음을 같이하여 성전에 모이기를 (   ) 쓰고 집에서 떡을 떼며 기쁨과 순전한 마음으로 음식을 먹고(46절).
- 하나님을 찬미하며 또 온 백성에게 칭송을 받으니 주께서 (   ) 사람을 날마다 (   ) 하시니라(47절).

THE 하나바이블

초대교회 성도들은 주 안에서 모이기를 힘썼습니다.
하나님 나라를 전파하는 교회는 하나 되어 나누는 공동체를 이룹니다.

Praising the LORD as One Body

나무를 보다

꼭 가보고 싶고, 모이고 싶은 교회는 어떤 교회일까요?

영상 QR 코드

STEP 1

우리 부서, 우리 반의 좋은 점이 무엇인지 적고 나누어 보세요.

열매를 맺다

STEP 2

교회는 믿음의 공동체이자 함께 나눔으로 하나 된 공동체입니다.
우리 부서를 위해서 내가 할 수 있는 나눔과 섬김을 쓰고 결단해 보세요.

나눔 (돈/소유로)	

	섬김 (몸으로)

길을 걷다

스텝2의 결단을 한 주간 실천하고 그 결과를 돌아오는 주일에 반 친구들에게 나누어 주세요.

☑ 체크리스트에 선생님의 사인을 받아 주세요.

3 예수님 이름의 능력으로 전파

읽을 말씀 사도행전 3:1~10 외울 말씀 사도행전 3:6

숲을 만나다

오늘 들은 말씀을 단어나 문장으로 정리해 봅시다.

나면서 못 걷게 된 이 → 베드로와 요한 → 나사렛 예수 그리스도의 이름으로 → 걷고 뛰며 하나님을 찬송

베드로가 나면서 못 걷게 된 사람을 회복시킨 방법은 무엇이었으며 그 결과는 어떠했나요?

- 베드로가 이르되 ( ) 과 ( ) 은 내게 없거니와 내게 있는 이것을 네게 주노니 나사렛 ( ) ( ) 의 ( ) 으로 일어나 걸으라 하고(6절).
- 뛰어 서서 걸으며 그들과 함께 성전으로 들어가면서 ( ) 도 하고 ( ) 도 하며 하나님을 ( ) 하니(8절).
- 그에게 일어난 일로 인하여 심히 ( ) 여기며 놀라니라(10절).

THE 하나바이블

예수님의 이름으로 명령하자 나면서부터 못 걷던 사람이 걷고 뛰었습니다. 하나님 나라는 예수님 이름의 능력으로 전파됩니다.

나무를 보다

돈으로 해결할 수 없는 문제는 무엇이 있을까요?

영상 QR 코드

STEP 1

나는 어려운 문제를 만날 때 예수 그리스도 이름의 능력을 믿으며 맡기고 있나요?

열매를 맺다

STEP 2

사람의 힘으로 해결할 수 없는 문제도 예수님 이름의 능력을 힘입으면 해결할 수 있습니다. 예수님 이름의 능력이 우리에게 있다면 우리는 이웃을 위해 무엇을 할 수 있을까요? 이웃을 위한 나와 친구의 기도제목도 적어 봅시다.

나의 기도 제목

친구의 기도 제목

길을 걷다

그 이웃을 위해 기도하고 결단한 내용을 한 주 동안 실천해 보세요.

☑ 체크리스트에 선생님의 사인을 받아 주세요.

4 성령님의 지혜와 능력으로 전파

읽을 말씀 사도행전 6:8~15 외울 말씀 사도행전 6:10

숲을 만나다

오늘 들은 말씀을 단어나 문장으로 정리해 봅시다.

은혜와 권능이 충만한 스데반 → 논쟁과 박해 → 지혜와 성령으로 말함 → 그들이 당하지 못함

스데반과 논쟁할 때
사람들이 그를 이길 수 없었던
이유는 무엇인가요?

- 스데반이 은혜와 권능이 [   ] 하여 큰 기사와 표적을 민간에 행하니(8절).
- 스데반이 [   ] 와 [   ] 으로 말함을 그들이 능히 당하지 못하여(10절).

THE 하나바이블

하나님 나라는 성령님의 지혜와 능력으로 전파됩니다.
성령님의 지혜와 능력으로 세상 속에서 용기 있고 담대하게 살아가야 합니다.

나무를 보다

그리스도인이기 때문에 겪는 사람들의 반대와 공격에는 무엇이 있을까요?

영상 QR 코드

STEP 1

나도 스데반처럼 예수님을 믿다가 반대와 어려움에 부딪힌 적이 있는지 나눠 보세요.

열매를 맺다

STEP 2

성령님의 지혜와 능력으로 어려움을 이길 수 있습니다. 나에게 필요한 지혜와 능력이 무엇인지 쓰고, 성령님의 도우심을 구하며 기도합시다.

를 해결하는 **지혜**

를 이겨 내는 **능력**

길을 걷다

한 주간 성령님의 지혜와 능력으로 복음이 필요한 사람에게 담대하게 전해 봅시다.

☑ 체크리스트에 선생님의 사인을 받아 주세요.

Preaching the Kingdom of God

2 단원

하나님의 말씀대로 전파되는 하나님 나라

The Kingdom of

5과 흩어짐으로 전파

하나님 나라는 박해에도 불구하고 하나님의 말씀대로 전파된다.

6과 만나게 하심으로 전파

하나님이 주권적으로 만나게 하심으로 하나님 나라가 전파된다.

7과 부르심 받은 사람을 통한 전파

하나님 나라는 예수님을 만나 부르심 받은 사람을 통해 전파된다.

8과 편견을 넘어 전파

하나님 나라는 우리의 생각을 넘어 성령님의 인도하심으로 전파된다.

5 흩어짐으로 전파

읽을 말씀 사도행전 8:1~8 **외울 말씀** 사도행전 8:5

숲을 만나다

오늘 들은 말씀을 단어나 문장으로 정리해 봅시다.

스데반의 순교 → 예루살렘 교회의 큰 박해 → 유대와 사마리아로 흩어짐 → 복음이 전파됨

큰 박해를 받아 흩어진 예루살렘 교회의 성도들을 통해 어떤 일이 일어났나요?

- 그 흩어진 사람들이 두루 다니며 [ ] 의 말씀을 전할새(4절).
- 빌립이 사마리아 성에 내려가 [ ] 를 백성에게 전파하니(5절).
- 무리가 [ ] 의 말도 듣고 행하는 표적도 보고 한마음으로 그가 하는 말을 따르더라(6절).
- 그 성에 큰 [ ] 이 있더라(8절).

THE 하나바이블

하나님 나라는 박해에도 불구하고 하나님의 말씀대로 전파됩니다.
우리는 모든 순간 복음을 전해야 합니다.

나무를 보다

기독교가 박해 속에서도 지금까지 이어져 올 수 있었던 이유는 무엇일까요?

영상 QR 코드

이 시대에 교회가 겪는 박해와 내가 그리스도인으로서 당하는 어려움은 무엇인가요?

STEP 1

열매를 맺다

STEP 2

하나님 나라는 어려운 상황에서도 하나님의 계획과 인도하심으로 전파됩니다. 박해에도 불구하고 ____________ 에게 복음을 전파하기 위해 내가 할 수 있는 일은 무엇인지 적고 나누어 보세요.

내가 할 수 있는 일

길을 걷다

복음을 전할 친구나 이웃에게 스텝2에서 나눈 일들을 실천해 보세요. 실천한 후 반별 온라인 커뮤니티(SNS, 단체 채팅방)가 있다면 소감을 올리고 서로 격려해 주세요.

☑ 체크리스트에 선생님의 사인을 받아 주세요.

6 만나게 하심으로 전파

읽을 말씀 사도행전 8:26~40 외울 말씀 사도행전 8:29

숲을 만나다

오늘 들은 말씀을 단어나 문장으로 정리해 봅시다.

주의 사자, 성령 → 에디오피아 내시를 만나게 하심 → 복음을 전함 → 세례를 베풂

에디오피아 내시는 어떻게
빌립을 만날 수 있었으며
그 결과는 어떠했나요?

- ______이 빌립더러 이르시되 이 수레로 가까이 나아가라 하시거늘(29절).
- 빌립이 달려가서(30절).
- 빌립이 입을 열어 이 글에서 시작하여 예수를 가르쳐 ______을 전하니(35절).
- 빌립과 내시가 둘 다 물에 내려가 빌립이 ______를 베풀고(38절).

THE 하나바이블

하나님이 주권적으로 만나게 하심으로 하나님 나라가 전파됩니다.
하나님이 이끌어 주시는 특별한 만남을 위해 기도해야 합니다.

나무를 보다

가장 기억에 남는 특별한 만남은 누구를 만난 일인가요?

영상 QR 코드

STEP 1

내가 예수님을 만나는 데 가장 큰 역할을 한 사람은 누구인가요?

열매를 맺다

STEP 2

복음은 하나님께서 주권적으로 누군가를 만나게 하심으로 전파되고 확장됩니다. 예수님에 대해 전해 주고 싶은 사람이 있다면 누구인지 떠올려 보고, 내가 만난 예수님의 이야기를 작성하고, 전해 보세요.

길을 걷다

복음의 메시지를 전할 사람을 위해 매일 기도하세요.
그 사람에게 스텝1의 간증과, 스텝2의 내용을 전한 후 표시해 보세요.

전할 사람	기 도	복음 메시지
	주일 월 화 수 목 금 토	

☑ 체크리스트에 선생님의 사인을 받아 주세요.

7 부르심 받은 사람을 통한 전파

읽을 말씀 사도행전 9:1~16 외울 말씀 사도행전 9:15

숲을 만나다

오늘 들은 말씀을 단어나 문장으로 정리해 봅시다.

핍박자 사울 → 부활하신 예수님을 만남 → 회심 → 복음 전파자

부르심을 받은 사울의 사명은 무엇이며 사울을 부르신 이유는 무엇인가요?

◦ 주께서 이르시되 가라 이 사람은 내 이름을 [　　　] 과 [　　　] 들과 이스라엘 [　　　] 들에게 전하기 위하여 택한 나의 그릇이라(15절).

THE 하나바이블

하나님 나라는 예수님을 만나 부르심 받은 사람을 통해 전파됩니다.
예수님을 진정으로 만나면 하나님 나라의 전파자가 됩니다.

나무를 보다

나의 삶의 목적은 무엇인가요?

영상 QR 코드

STEP 1

나도 바울처럼 부활하신 예수님을 만났나요? 예수님을 만난 후 내 삶의 목적은 어떻게 달라졌나요?

열매를 맺다

STEP 2

하나님은 예수님을 만난 우리를 하나님 나라의 전파를 위해 부르셨습니다. 나는 하나님 나라를 위해 무엇을 할지, 20년 후의 나는 하나님 나라를 위해 무엇을 하고 있을지 적고 나누어 보세요.

길을 걷다

하나님 나라를 세우기 위해 내가 지금 해야 할 일을 한 주간 동안 실천해 보세요.

- 어디서?
- 무엇을?
- 어떻게?

☑ 체크리스트에 선생님의 사인을 받아 주세요.

8 편견을 넘어 전파

읽을 말씀 사도행전 10:30~35, 44~48 외울 말씀 사도행전 10:47

숲을 만나다

오늘 들은 말씀을 단어나 문장으로 정리해 봅시다.

고넬료의 환상 → 베드로의 깨달음 → 베드로의 선포 → 이방인에게도 임하시는 성령님

유대인만 구원받을 거라고 여기던 베드로의 생각이 어떻게 바뀌었나요?

◦ 이에 베드로가 이르되 이 사람들이 우리와 같이 [　　　] 을 받았으니 누가 능히 물로 [　　　] 베풂을 금하리요 하고(47절).

THE 하나바이블

하나님 나라는 우리의 생각을 넘어 성령님의 인도하심으로 전파됩니다.
내 생각을 내려놓고 성령님의 인도하심을 따라 행해야 합니다.

나무를 보다

내 생각을 고집한 적이 있나요?

영상 QR 코드

하나님 말씀을 듣고 내 생각을 바꾼 경험이 있나요?

STEP 1

열매를 맺다

STEP 2

하나님 나라는 우리의 생각을 넘어 전파됩니다. 내가 그동안 전도할 수 없는 대상이라고 생각했던 사람을 쓰고, 그 사람을 향한 하나님의 마음과 그들을 위해 내가 할 일을 적어 보세요.

전도할 수 없다고 생각했던 대상	하나님의 마음	그들을 위해 내가 할 일

길을 걷다

스텝2에서 나눈 사람을 찾아가서 하나님의 마음으로 전해 봅시다.

☑ 체크리스트에 선생님의 사인을 받아 주세요.

Preaching the Kingdom of God

3 단원

땅끝을 향해 전파되는 하나님 나라

The Kingdom of

9과 교회가 또 다른 교회를 도움으로 전파

하나님은 교회가 또 다른 교회를 돕도록 하신다.

10과 복음이 필요한 곳으로 전파

하나님은 복음이 필요한 곳으로 우리를 인도하신다.

11과 어려움 속에서도 전파

하나님은 어려움 속에서도 복음을 전파하게 하신다.

12과 땅끝까지 전파

하나님 나라는 예수님의 증인을 통해 땅끝까지 전파된다.

9 교회가 또 다른 교회를 도움으로 전파

읽을 말씀 사도행전 11:19~26 외울 말씀 사도행전 11:26

숲을 만나다

오늘 들은 말씀을 단어나 문장으로 정리해 봅시다.

도움이 필요한 안디옥 교회 → 바나바를 파송 → 안디옥 교회를 가르침 → 그리스도인이라 일컬음을 받음

예루살렘 교회가 안디옥 교회의 필요를 채워 주기 위해 한 일은 무엇인가요?

- 예루살렘 교회가 이 사람들의 소문을 듣고 [   ]를 안디옥까지 보내니(22절).
- 만나매 안디옥에 데리고 와서 둘이 교회에 일 년간 모여 있어 큰 무리를 [   ] 제자들이 안디옥에서 비로소 [   ]이라 일컬음을 받게 되었더라(26절).

THE 하나바이블

하나님은 교회가 또 다른 교회를 돕도록 하십니다.
하나님 나라를 이루는 교회는 서로 힘을 합해 섬겨 나가야 합니다.

나무를 보다

교회나 선교지에서 겪는 어려운 소식을 접했을 때 가장 먼저 드는 생각은 무엇인가요?

영상 QR 코드

STEP 1

어려운 교회나 선교지를 위해 내가 도울 수 있는 일은 무엇일까요? 각자 생각해 보고 나눠 주세요.

열매를 맺다

STEP 2

예루살렘 교회의 협력으로 안디옥 교회는 더욱 견고해져 이방인 교회의 중심지가 되었습니다. 우리 교회가 후원하거나 섬기는 다른 교회가 있는지 확인하고, 서로 힘을 합해 섬길 방법은 무엇인지 함께 찾고 나누어 봅시다.

길을 걷다

스텝2에서 정한 교회를 위해 한 주간 기도합시다.

주일	월	화	수	목	금	토
☐	☐	☐	☐	☐	☐	☐

☑ 체크리스트에 선생님의 사인을 받아 주세요.

10 복음이 필요한 곳으로 전파

읽을 말씀 사도행전 16:6~10 외울 말씀 사도행전 16:10

숲을 만나다

오늘 들은 말씀을 단어나 문장으로 정리해 봅시다.

바울의 계획 → 하나님이 막으심 → 마게도냐 환상을 보여 주심 → 하나님의 뜻을 따름

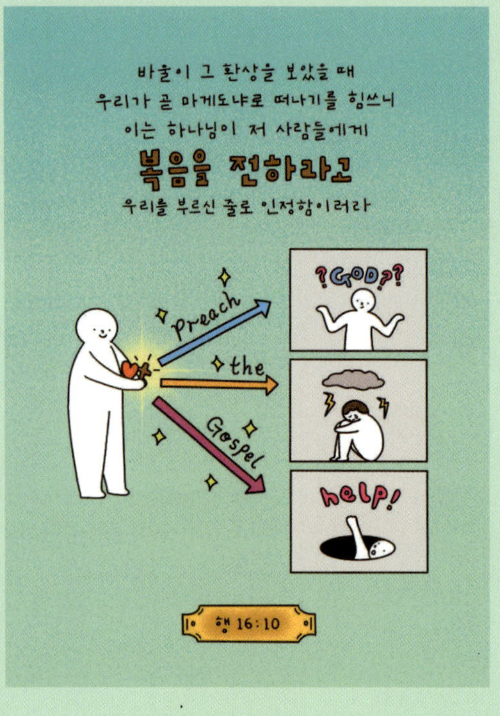

하나님이 환상을 보여 주셨을 때 바울의 반응은 어떠했나요?

- 밤에 환상이 바울에게 보이니 마게도냐 사람 하나가 서서 그에게 청하여 이르되 (　　　　)로 건너와서 우리를 (　　　　)하거늘(9절).
- 바울이 그 환상을 보았을 때 우리가 곧 마게도냐로 떠나기를 힘쓰니 이는 하나님이 저 사람들에게 복음을 전하라고 우리를 부르신 줄로 (　　　　)함이러라(10절).

THE 하나바이블

하나님은 복음이 필요한 곳으로 우리를 인도하십니다.
그곳이 어디든 하나님의 인도하심에 순종해 복음을 전해야 합니다.

나무를 보다

나는 어떤 유형의 사람인가요?
(철저하게 계획을 중시한다. vs 주어진 상황에 맞게 모험한다.)

영상 QR 코드

STEP 1

내가 세운 계획이 가로막혔을 때 나는 어떻게 반응하나요?
(회피, 분노, 좌절, 전혀 관계없음)

열매를 맺다

STEP 2

우리는 계획대로 순조롭게 진행되길 원하지만, 하나님은 다르게 인도하실 때가 있습니다. 현재 나의 생활 가운데 하나님 뜻을 분별하고 담대하게 신뢰하며 순종해야 할 것이 있다면 무엇인지 나누어 보세요.

길을 걷다

한 주간 학교에서 수업 시작 전, 이렇게 기도합시다.

> "최선을 다해 세운 나의 계획이 다른 길을 만난다 해도, 그조차도 하나님이 인도하시는 길임을 믿습니다. 하나님이 필요하신 그곳으로 나를 인도해 주소서."

☑ 체크리스트에 선생님의 사인을 받아 주세요.

11 어려움 속에서도 전파

읽을 말씀 사도행전 16:25~34 | 외울 말씀 사도행전 16:25

숲을 만나다

오늘 들은 말씀을 단어나 문장으로 정리해 봅시다.

감옥에서도 기도하고 찬송함 → 큰 지진으로 옥문이 열림 → 간수에게 복음을 전함 → 간수와 온 가족이 하나님을 믿음

바울과 실라가 감옥 속에서도 기도하고 찬송했을 때 어떤 일이 벌어졌나요?

- 이에 갑자기 ______이 나서 옥터가 움직이고 문이 곧 다 ______ 모든 사람의 매인 것이 다 ______ 진지라(26절).
- 주 예수를 믿으라 그리하면 너와 ______이 구원을 받으리라 하고(31절).
- 그와 온 집안이 ______을 믿으므로 크게 기뻐하니라(34절).

THE 하나바이블

하나님은 어려움 속에서도 복음을 전파하게 하십니다.
우리는 선한 일을 하다가 고난을 만나더라도 찬양하며 기도할 수 있습니다.

나무를 보다

청소년 시절 겪을 수 있는 억울한 일에는 무엇이 있을까요?

영상 QR 코드

선한 일을 하다가 억울한 일을 당할 때 나는 어떻게 반응하나요?

STEP 1

열매를 맺다

STEP 2

바울과 실라는 억울하게 투옥된 상황이었지만 하나님께 기도하며 찬송했습니다. 우리도 현재 겪는 서로의 어려움(고난)을 함께 나누고 기도합시다.

길을 걷다

이번 주 부를 찬양곡을 정하고 매일 찬송하며 반 친구를 위해 기도해 봅시다. 그리고 그 소감을 주일에 친구들과 함께 나누어 봅시다.

찬양곡

☑ 체크리스트에 선생님의 사인을 받아 주세요.

12 땅끝까지 전파

읽을 말씀 사도행전 28:23~31 외울 말씀 사도행전 28:31

숲을 만나다

오늘 들은 말씀을 단어나 문장으로 정리해 봅시다.

아침부터 저녁까지 강론 → 바울의 하나님 나라 전파 → 다양한 반응 → 땅끝까지 전파될 복음

사도 바울은 가택 연금 상황에서 무엇을 하며 지냈나요?

- 그들이 날짜를 정하고 그가 유숙하는 집에 많이 오니 바울이 아침부터 저녁까지 강론하여 (   )를 (   )하고 모세의 율법과 선지자의 말을 가지고 (   )에 대하여 권하더라(23절).
- (   )를 (   )하며 주 예수 그리스도에 관한 모든 것을 담대하게 거침없이 가르치더라(31절).

THE 하나바이블 하나님 나라는 예수님의 증인을 통해 땅끝까지 전파됩니다. 우리는 어디에 있든지 하나님 나라를 드러내는 삶을 살아야 합니다.

나무를 보다

인생의 마지막을 성공으로 장식한 사람들을 알고 있나요?

영상 QR 코드

STEP 1

만약 내가 누군가의 특별한 지지를 받으며 인생의 마지막까지 하고 싶은 일이 있다면 나누어 보세요.

열매를 맺다

STEP 2

사도 바울은 땅끝까지 하나님 나라를 전하고 예수님이 그리스도이심을 전파하는 증인의 삶을 살았습니다. 내가 하고 싶은 일을 통해 하나님 나라를 어떻게 드러낼지 생각한 후에 나누어 보세요.

길을 걷다

증인의 삶을 살기 위한 한 주간의 계획을 짜고 실천합니다.

주일	월	화	수	목	금	토
☐	☐	☐	☐	☐	☐	☐

☑ 체크리스트에 선생님의 사인을 받아 주세요.

Preaching the Kingdom of God

4
단원

오직 믿음으로 전파되는 하나님 나라

The Kingdom of

13과 복음, 하나님의 능력

복음은 믿는 자에게 구원을 주시는 하나님의 능력이다.

14과 예수 그리스도와 하나 됨

우리는 예수님과 함께 죄에 대하여는 죽고 하나님께 대하여는 산 자다.

15과 성령님을 따르는 삶

복음을 믿는 사람은 성령님의 인도하심을 받는다.

16과 하나님의 뜻대로 사는 삶

복음을 믿는 자는 하나님의 선하시고 기뻐하시고 온전하신 뜻대로 산다.

13 복음, 하나님의 능력

읽을 말씀 로마서 1:8~17 외울 말씀 로마서 1:16

숲을 만나다

오늘 들은 말씀을 단어나 문장으로 정리해 봅시다.

바울의 간절한 바람 → 복음 전파 → 복음은 구원을 주시는 능력 → 복음을 부끄러워하지 않음

바울이 복음을 부끄러워하지 않은 이유는 무엇인가요?

- 내가 복음을 부끄러워하지 아니하노니 이 복음은 모든 (　　　) 에게 (　　　) 을 주시는 하나님의 (　　　) 이 됨이라 먼저는 유대인에게요 그리고 헬라인에게로다(16절).
- 복음에는 하나님의 (　　　) 가 나타나서 믿음으로 믿음에 이르게 하나니 기록된 바 오직 의인은 (　　　) 으로 말미암아 살리라 함과 같으니라(17절).

THE 하나바이블

복음은 믿는 자에게 구원을 주시는 하나님의 능력입니다.
우리는 이 복음을 믿음으로 받아들이고 부끄러워하지 않아야 합니다.

나무를 보다

내가 나 자신에 대하여 부끄러워하는 것이 있나요?

영상 QR 코드

STEP 1

나는 복음을 자랑하고 있나요? 아니면 부끄러워하고 있나요?
자신의 이야기를 나누어 보세요.

열매를 맺다

STEP 2

복음은 우리에게 구원을 주시는 하나님의 능력이기 때문에 부끄러워하지 말고 자랑스러워해야 합니다. 복음을 자랑스럽게 여기기 위해 필요한 나의 마음가짐과 해야 할 일을 적고 나누어 보세요.

길을 걷다

"One day, One gospel!" 하루 한 번 다양한 방법으로 복음을 표현해 봅시다.
(카카오톡 프로필 사진, SNS 등)

☑ 체크리스트에 선생님의 사인을 받아 주세요.

14 예수 그리스도와 하나 됨

읽을 말씀 로마서 6:1~11 **외울 말씀** 로마서 6:11

숲을 만나다

오늘 들은 말씀을 단어나 문장으로 정리해 봅시다.

세례: 그리스도와의 연합 → 죄에 대하여 죽음 → 하나님께 대하여 살아 있음 → 그리스도인의 삶

우리는 어떻게 예수님과 연합될 수 있으며 어떻게 살아가야 할까요?

- 그러므로 우리가 그의 (　　　　) 과 합하여 (　　　　) 를 받음으로 그와 함께 장사되었나니 이는 아버지의 영광으로 말미암아 그리스도를 (　　　　) 가운데서 (　　　　) 과 같이 우리로 또한 (　　　　) 가운데서 행하게 하려 함이라(4절).
- 이와 같이 너희도 너희 자신을 (　　　　) 에 대하여는 (　　　　) 요 (　　　　) 안에서 하나님께 대하여는 살아 있는 자로 (　　　　) 지어다(11절).

THE 하나바이블

우리는 복음을 믿음으로 그리스도와 연합됩니다.
우리는 예수님과 함께 죄에 대하여 죽고 하나님께 대하여는 산 자입니다.

나무를 보다

세례의 의미는 무엇이라고 생각하나요?

영상 QR 코드

내가 예수님과 연합했다는 것은 무엇을 의미하나요?

STEP 1

열매를 맺다

STEP 2

'여기다'라는 말은 지속적으로 생각하고 고백하는 것을 뜻합니다.
다음 사실을 고백하고 마음에 새겨 봅시다.

죄에 대하여 죽음

나는 그리스도와 함께 십자가에 죽었다.
나는 죄짓는 것이 싫다.
나는 죄를 이길 수 있다.

의에 대하여 살아 있음

나는 예수님과 함께 다시 살았다.
나는 예배하는 것이 좋다.
나는 하나님 나라를 위해 살고 싶다.

길을 걷다

한 주간 예수님과 연합하며 크고 작은 잘못과 실수를 극복한 경험을 적고 주일에 반 친구들과 나눠 보세요.

☑ 체크리스트에 선생님의 사인을 받아 주세요.

15 성령님을 따르는 삶

읽을 말씀 로마서 8:1~11 **외울 말씀** 로마서 8:2

숲을 만나다

오늘 들은 말씀을 단어나 문장으로 정리해 봅시다.

예수 안에 있는 자 → 생명을 주시는 성령의 법 → 죄와 사망의 법에서 해방 → 영을 따르는 자

그리스도 예수 안에 있는 사람은 어떤 사람일까요?

- (   )의 (   )의 법이 (   )와 (   )의 법에서 해방시킨 사람(2절).
- (   )을 따르지 않는 사람(4절).
- (   )의 일을 (   ) 사람(5절).
- 하나님의 (   )이 거하는 사람(9절).

THE 하나바이블

복음을 믿는 사람은 성령님의 인도하심을 받습니다.
우리 안에 거하시는 성령님의 인도하심을 따라 살아야 합니다.

나무를 보다

내가 생각하는 나의 잘못된 습관은 무엇인가요?

영상 QR 코드

STEP 1

성령님이 아닌 육신을 따랐던 나의 모습이 있다면 무엇인지 적어 보세요.

열매를 맺다

STEP 2

복음을 믿는 자는 육신을 따르지 않고 성령님의 인도하심을 따릅니다. 로마서 8장 6~8절을 읽고 체크리스트에 표시한 후 성령님을 따라 살아가기 위해 학교, 교회, 집에서 내가 실천할 수 있는 일을 적고 나누어 보세요.

☑ 체크리스트

- □ 하나님의 법에 순종하고 싶은 마음이 있다.
- □ 하나님의 법에 순종할 때가 있다.
- □ 하나님을 기쁘시게 할 마음이 있다.

길을 걷다

스텝2에서 결심한 내용을 한 주 동안 실천해 보세요.

주일	월	화	수	목	금	토
□	□	□	□	□	□	□

☑ 체크리스트에 선생님의 사인을 받아 주세요.

16 하나님의 뜻대로 사는 삶

읽을 말씀 로마서 12:1~2, 14~21 외울 말씀 로마서 12:2

숲을 만나다

오늘 들은 말씀을 단어나 문장으로 정리해 봅시다.

거룩한 산 제물 (영적 예배) → 이 세대를 본받지 않음 → 마음을 새롭게 함으로 변화를 받음 → 하나님의 뜻을 분별하며 사는 삶

하나님 나라의 백성은 어떻게 살아갈까요?

- 너희 (   ) 을 하나님이 기뻐하시는 거룩한 산 제물로 드리라 이는 너희가 드릴 (   ) 니라(1절).
- 이 세대를 (   ) 말고 오직 (   ) 을 새롭게 함으로 (   ) 를 받아 하나님의 선하시고 기뻐하시고 온전하신 (   ) 이 무엇인지 (   ) 하도록 하라(2절).

THE 하나바이블

복음을 믿는 자는 하나님의 선하시고 기뻐하시고 온전하신 뜻대로 삽니다. 세상의 기준과 가치를 분별하며 날마다 거룩을 향해 전진해야 합니다.

나무를 보다

세상이 말하는 성공은 무엇인가요?

영상 QR 코드

STEP 1

이 세대를 본받지 않고 세상의 흐름대로 살지 않기 위해 내가 버려야 할 세상의 기준과 가치는 무엇인지 나누어 보세요.

열매를 맺다

STEP 2

하나님을 믿는 사람은 세상의 기준과 가치가 아닌 하나님의 선하시고 기뻐하시고 온전하신 뜻대로 사는 자입니다. 하나님의 뜻대로 살기 위해 내가 실천하고 싶은 3가지를 체크하고 구체적으로 어떻게 행할지 적고 나누어 보세요.

- ☐ 박해하는 자를 축복한다.
- ☐ 우는 자들과 함께 운다.
- ☐ 악을 악으로 갚지 않는다.
- ☐ 선한 일을 도모한다.
- ☐ 모든 사람과 화목한다.
- ☐ 원수를 갚지 않는다.
- ☐ 사람들의 필요를 채워 준다.
- ☐ 선으로 악을 이긴다.

길을 걷다

스텝2에서 결심한 실천 사항을 한 주간 실행에 옮겨 봅시다. 실천한 후 반별 온라인 커뮤니티(SNS, 단체 채팅방)가 있다면 소감을 올리고 서로 격려해 주세요.

☑ 체크리스트에 선생님의 사인을 받아 주세요.

Preaching the Kingdom of God

5
단원

공동체를 통해 삶의 현장에서 나타나는 하나님 나라

17과 동역하는 하나 된 공동체

우리는 하나님 나라를 위해 동역하는
하나 된 공동체다.

18과 사랑으로 섬기는 공동체

우리는 사랑으로 섬기는 하나 된 공동체다.

19과 능력 있는 공동체

우리는 연약하지만 하나님의 능력을 나타내는
공동체다.

17 동역하는 하나 된 공동체

읽을 말씀 고린도전서 3:1~9 외울 말씀 고린도전서 3:9

숲을 만나다

오늘 들은 말씀을 단어나 문장으로 정리해 봅시다.

시기와 분쟁 → 바울파 아볼로파 → 주께서 각각 주신 대로 → 하나님의 동역자

고린도 교회가 겪는 문제와 그에 대한 바울의 해법은 무엇인가요?

- 어떤 이는 말하되 나는 [ ] 에게라 하고 다른 이는 나는 [ ] 에게라 하니 너희가 [ ] 의 사람이 아니리요(4절).
- 그런즉 심는 이나 물 주는 이는 아무 것도 아니로되 오직 자라게 하시는 이는 [ ] 뿐이니라(7절).

THE 하나바이블

우리는 하나님 나라를 위해 동역하는 하나 된 공동체입니다.
우리는 교회의 하나 됨을 위해 노력해야 합니다.

나무를 보다

하나 됨을 방해하는 것에는 무엇이 있나요?

영상 QR 코드

우리 공동체(부서)의 하나 됨에 걸림돌은 무엇일까요?

STEP 1

열매를 맺다

STEP 2

교회는 한 몸 공동체로서 우리는 서로의 다양성을 인정하며 하나 되기 위해 힘써야 합니다. 우리 부서(반)가 하나 되기 위해 내가 실천할 수 있는 것은 무엇인지 적고 나누어 봅시다.

길을 걷다

스텝2에서 나눈 내용 중 한 가지를 정하고 실천해 보세요.

나의 결심

이번 한 주간 나는 하나 됨을 지키기 위해

_______________________________ 하겠습니다.

☑ 체크리스트에 선생님의 사인을 받아 주세요.

18 사랑으로 섬기는 공동체

읽을 말씀 고린도전서 13:1~7 외울 말씀 고린도전서 13:4

숲을 만나다

오늘 들은 말씀을 단어나 문장으로 정리해 봅시다.

사랑은 오래 참고 온유하며 → 사랑한다면 하지 말아야 할 것들 → 진리와 함께 기뻐함 → 참으며 믿으며 바라며 견딤

하나 된 공동체를 위한
사랑이란 무엇일까요?

- 천사의 말을 할지라도 사랑이 없으면 소리 나는 (   ) 와 울리는 (   ) 가 되고(1절).
- 산을 옮길 만한 모든 믿음이 있을지라도 사랑이 없으면 내가 (   ) 아니요(2절).
- 내 몸을 불사르게 내줄지라도 사랑이 없으면 내게 아무 (   ) 이 없느니라(3절).

THE 하나바이블

우리는 사랑으로 섬기는 하나 된 공동체입니다.
교회가 하나 되는 길은 참사랑 안에서만 가능합니다.

나무를 보다

사랑이 무엇이라고 생각하나요?

영상 QR 코드

열매를 맺다

STEP 1

나와 우리가 풍성한 공동체가 되기 위해 가장 필요한 것은 무엇이라고 생각하나요? 아래의 보기 중 3가지를 체크하고 서로 나누어 보세요.

오래 참고 / 온유하며 / 시기하지 아니하며 / 자랑하지 아니하며 / 교만하지 아니하며 / 무례히 행하지 아니하며 / 자기의 유익을 구하지 아니하며 / 성내지 아니하며 / 악한 것을 생각하지 아니하며 / 불의를 기뻐하지 아니하며 / 진리와 함께 기뻐하고 / 모든 것을 참으며 믿으며 바라며 견딤

STEP 2

하나님의 통치가 실현되는 교회 공동체의 모든 관계 안에는 예수 그리스도의 사랑이 반드시 드러나야 합니다. 우리 부서를 위해 내가 실천할 수 있는 사랑의 행동은 무엇인지 구체적으로 적고 나누어 보세요.

길을 걷다

한 주간 가장 가까운 사람에게 사랑을 실천한 후에 선생님께 확인 문자를 남겨 주세요.

주일	월	화	수	목	금	토
☐	☐	☐	☐	☐	☐	☐

☑ 체크리스트에 선생님의 사인을 받아 주세요.

19 능력 있는 공동체

읽을 말씀 고린도후서 4:7~18 **외울 말씀** 고린도후서 4:7

숲을 만나다

오늘 들은 말씀을 단어나 문장으로 정리해 봅시다.

보배 담은 질그릇 → 심히 큰 능력 → 낙심하지 않음 → 날마다 새로워짐

질그릇과 같은 우리에게
능력은 어떻게 나타나나요?

우리가 사방으로 (   ) 을 당하여도 싸이지 아니하며 (   ) 을 당하여도 낙심하지 아니하며 (   ) 를 받아도 버린 바 되지 아니하며 (   ) 을 당하여도 망하지 아니하고 우리가 항상 예수의 죽음을 몸에 짊어짐은 예수의 (   ) 이 또한 우리 몸에 나타나게 하려 함이라(8~10절).

THE 하나바이블

우리는 연약하지만 하나님의 능력을 나타내는 공동체입니다.
어려운 일을 당할 때 능력이 하나님께 있음을 알고 낙심하지 말아야 합니다.

나무를 보다

사람이 연약한 존재라고 느낄 때는 언제인가요?

영상 QR 코드

STEP 1

내가 가장 낙심될 때는 언제인가요? 자신의 이야기를 적고 나누어 보세요.

열매를 맺다

STEP 2

우리는 질그릇같이 약하지만, 하나님이 주시는 능력이 있습니다. 상황에 낙심하지 않고 하나님의 심히 큰 능력을 신뢰하기 위해 실천해야 할 것을 적고 나누어 보세요.

길을 걷다

내 안에 행하신 예수 그리스도의 이야기가 '간증'입니다. 한 주간 하나님이 주신 능력으로 이겨낸 삶의 스토리가 있다면 정리해 보세요. 주일에 간증을 나누어 봅시다.

☑ 체크리스트에 선생님의 사인을 받아 주세요.

Preaching the Kingdom of God

6 단원

하나님 나라 백성의 모습

The Kingdom of

20과 성령의 열매 맺는 생활

그리스도인은 성령의 열매를 맺으며 산다.

21과 복음으로 승리하는 생활

그리스도인은 하나님의 전신 갑주를 입고
원수 마귀를 대적해야 한다.

22과 항상 기도하며 기뻐하는 생활

그리스도인은 모든 일에 기도하며 기쁨으로
생활한다.

20 성령의 열매 맺는 생활

읽을 말씀 갈라디아서 5:16~26 외울 말씀 갈라디아서 5:22~23

숲을 만나다

오늘 들은 말씀을 단어나 문장으로 정리해 봅시다.

육체 vs 성령 → 육체를 따르지 않음 → 성령을 따라 행함 → 성령의 열매를 맺음

그리스도인이 성령님을 따라 행할 때 맺는 열매는 무엇인가요?

- 내가 이르노니 너희는 (　　　)을 따라 행하라 그리하면 (　　　)의 (　　　)을 이루지 아니하리라(16절).
- 오직 성령의 열매는 (　　　)과 (　　　)과 (　　　)과 오래 참음과 (　　　)와 양선과 충성과 (　　　)와 (　　　)니 이같은 것을 금지할 법이 없느니라(22~23절).

THE 하나바이블

성령님을 따라 행할 때 육체의 욕심을 이루지 않습니다.
그리스도인은 성령의 열매를 맺으며 삽니다.

나무를 보다

육체의 욕심에 따라 살고 있는 나의 모습은 무엇인가요?

영상 QR 코드

STEP 1

그리스도인은 성령님을 따라 행할 때 육체의 욕심을 따르지 않습니다.
내가 맺고 싶은 성령의 열매는 무엇인지 나눠 봅시다.

열매를 맺다

STEP 2

육체의 욕심은 성령님을 거스르고, 성령님이 바라시는 것은 육체의 욕심을 거스릅니다. 내가 육체의 욕심이 아닌 성령의 열매를 맺으려면 어떻게 해야 할지 구체적으로 적고 나누어 보세요.

길을 걷다

날마다 성령님을 의지하며 스텝2의 결심을 한 주간 실천해 보세요.

주일	월	화	수	목	금	토
☐	☐	☐	☐	☐	☐	☐

☑ 체크리스트에 선생님의 사인을 받아 주세요.

21 복음으로 승리하는 생활

읽을 말씀 에베소서 6:10~18 외울 말씀 에베소서 6:13

숲을 만나다

오늘 들은 말씀을 단어나 문장으로 정리해 봅시다.

악한 영들과의 영적 전쟁 → 전신 갑주를 취함 → 대적하여 승리 → 깨어서 기도

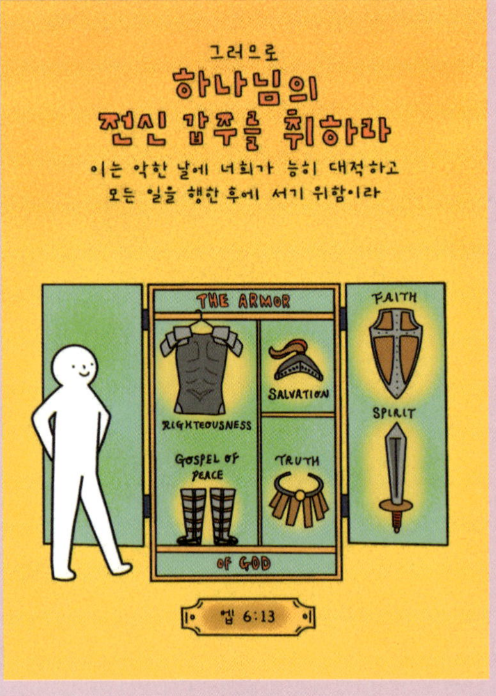

어떻게 악한 영과 맞서 싸워 승리할 수 있을까요?

- 그러므로 하나님의 [　　　] 를 취하라 이는 악한 날에 너희가 능히 대적하고 모든 일을 행한 후에 [　　　] 위함이라(13절).
- 모든 기도와 간구를 하되 항상 [　　　] 안에서 [　　　] 하고 이를 위하여 깨어 구하기를 항상 힘쓰며 여러 성도를 위하여 구하라(18절).

THE 하나바이블

영적 전쟁은 혈과 육이 아닌 하늘에 있는 악한 영들과의 싸움입니다.
그리스도인은 하나님의 전신 갑주를 입고 원수 마귀를 대적해야 합니다.

나무를 보다

게임에서 이기려면 무엇이 필요할까요?

영상 QR 코드

영적 싸움에서 승리하려면 어떤 것이 필요할지 각자의 방식을 서로 이야기해 봅시다.

STEP 1

열매를 맺다

STEP 2

영적인 싸움은 하나님의 전신 갑주를 입어야 승리할 수 있습니다. 하나님의 전신 갑주는 아래와 같습니다(에베소서 6장 14~18절).
영적 전쟁에서 승리하기 위해 어떻게 무장할지 구체적으로 적고 나누어 보세요.

·허리띠 – 진리 ·호심경(흉배) – 의 ·신 – 평안의 복음
·방패 – 믿음 ·투구 – 구원 ·검 – 하나님의 말씀

영적 무장을 위해 ______________ 을(를) 다짐합니다.

길을 걷다

하나님의 전신 갑주를 매일 하나씩 묵상하고, 믿음으로 영적 전쟁에서 승리하는 하루가 되기를 기도하세요.

주일	월	화	수	목	금	토
☐	☐	☐	☐	☐	☐	☐

☑ 체크리스트에 선생님의 사인을 받아 주세요.

22 항상 기도하며 기뻐하는 생활

읽을 말씀 빌립보서 4:4~7 외울 말씀 빌립보서 4:6

숲을 만나다

오늘 들은 말씀을 단어나 문장으로 정리해 봅시다.

주 안에서 항상 기뻐함 → 염려하지 않음 → 감사함으로 기도함 → 하나님의 평강

어떻게 하면 주 안에서
하나님의 평강을 누릴 수 있나요?

- 아무 것도 (　　　　) 하지 말고 다만 모든 일에 (　　　　) 와 간구로 너희 구할 것을 (　　　　) 함으로 하나님께 아뢰라(6절).
- 그리하면 모든 지각에 뛰어난 하나님의 (　　　　) 이 그리스도 예수 안에서 너희 (　　　　) 과 (　　　　) 을 지키시리라(7절).

THE 하나바이블

하나님은 모든 일을 주권적으로 선하게 이루어 가십니다.
그리스도인은 모든 일에 기도하며 기쁨으로 생활합니다.

나무를 보다

사람들은 염려와 두려움을 어떻게 해결하나요?

영상 QR 코드

STEP 1

나는 염려와 두려움이 생길 때 어떻게 해결하나요?

열매를 맺다

STEP 2

모든 일에 기도하며 기쁨과 감사함으로 맡길 때 하나님의 평강이 우리의 마음과 생각을 지켜 주십니다. 지금 나의 문제를 가지고 어떻게 하나님을 신뢰하며 기도할지 구체적으로 적어 보세요.

길을 걷다

하나님의 주권을 믿고 기도할 때, 염려와 두려움은 기쁨과 감사와 평안으로 바뀝니다. 날마다 기도하면서 나의 마음이 어떻게 달라지는지 기록해 보세요.

☑ 체크리스트에 선생님의 사인을 받아 주세요.

종려 주일

그리스도의 고난

읽을 말씀 마태복음 26:36~46 외울 말씀 마태복음 26:39(하)

숲을 만나다

오늘 들은 말씀을 단어나 문장으로 정리해 봅시다.

십자가 → 겟세마네 기도 → 아버지의 원대로 하옵소서 → 깨어서 기도하라

예수님은 기도하실 때 무엇에 초점을 맞추셨나요?

내 아버지여 만일 할 만하시거든 이 잔을 내게서 지나가게 하옵소서 그러나 ______ 원대로 마시옵고 ______ 의 원대로 하옵소서 하시고(39절).

THE 하나바이블

예수님은 십자가 앞에서도 하나님의 뜻이 이뤄지도록 기도하셨습니다. 어떤 상황에서도 하나님 뜻에 순종할 수 있도록 기도해야 합니다.

나무를 보다

사람들은 주로 무엇을 위해 기도할까요?

영상 QR 코드

STEP 1

'내가 원하는 것'이 아닌 '하나님의 뜻'이 이뤄지도록 기도한 경험이 있나요?

열매를 맺다

STEP 2

예수님은 하나님의 뜻에 순종하기 위해 기도하셨습니다. 예수님처럼 하나님 뜻에 순종하기 원하는 마음을 담아 기도문을 쓰고 나눠 보세요.

기도문 작성법: 내가 원하는 것과 하나님이 원하시는 것을 대조하면서 작성합니다.

길을 걷다

매일 1회 이상 "어떤 상황에서도 주님의 뜻에 순종하기 원합니다"라고 마음을 담아 기도합시다.

☑ 체크리스트에 선생님의 사인을 받아 주세요.

부활 주일

부활하신 예수 그리스도

읽을 말씀 고린도전서 15:4~8, 14~19 외울 말씀 고린도전서 15:4

숲을 만나다

오늘 들은 말씀을 단어나 문장으로 정리해 봅시다.

복음의 핵심 → 예수님의 부활 → 보이심과 증언 → 역사적 사실

예수님의 부활이 실제 일어난 일이라는 것을 어떻게 알 수 있나요?

◦ 장사 지낸 바 되셨다가 [ ] 대로 사흘 만에 다시 살아나사(4절).

◦ [ ] 에게 보이시고 후에 [ ] 제자에게와 그 후에 [ ] 형제에게 일시에 보이셨나니(5~6절).

THE 하나바이블

예수님의 부활이 역사적 사실임을 성경과 제자들이 증언합니다.
우리도 이 사실의 증인으로서 믿지 않는 자들에게 부활을 전해야 합니다.

나무를 보다

부활을 믿지 못하는 이유가 무엇일까요?

영상 QR 코드

STEP 1

왜 예수님의 부활을 믿어야 할까요? 그 이유와 부활의 중요성에 대해 생각하고 적어 봅시다.

열매를 맺다

STEP 2

예수님을 믿지 않는 친구에게 부활의 기쁨을 나누어 봅시다. 친구에게 전할 부활 메시지를 역사적인 사실을 토대로 적고 나누어 보세요. (들어가야 할 단어: 성경대로, 베드로, 열두 제자, 오백여 형제, 나)

길을 걷다

스텝2의 내용을 카드에 옮겨 적고 친구에게 부활절 달걀과 함께 전달해 봅시다.

☑ 체크리스트에 선생님의 사인을 받아 주세요.

청소년 주일

사랑받는 청소년

읽을 말씀 누가복음 2:40, 52 외울 말씀 누가복음 2:52

숲을 만나다

오늘 들은 말씀을 단어나 문장으로 정리해 봅시다.

예수님의 성장 → 지혜가 충만하심 → 하나님의 은혜가 함께 하심 → 하나님과 사람에게 사랑을 받으심

예수님의 성장 과정은 어떠하셨나요?

- 아기가 자라며 강하여지고 [　　] 충만하며 [　　] 가 그의 위에 있더라(40절).
- 예수는 [　　] 와 키가 자라가며 하나님과 사람에게 더욱 [　　] 가시더라(52절).

THE 하나바이블

예수님은 자라가며 하나님과 사람에게 사랑스러워 가셨습니다.
예수님처럼 하나님과 사람에게 사랑받는 청소년이 됩시다.

나무를 보다

사랑받는 사람의 특징은 무엇일까요?

영상 QR 코드

STEP 1

예수님은 성장할수록 더욱 사랑스러워 가셨습니다. 예수님의 성장 모습이 나에게 주는 교훈은 무엇인가요? '이런 사람은 되지 말자'라는 다짐도 함께 적어 보세요.

열매를 맺다

STEP 2

우리는 예수님처럼 자라가야 합니다. 하나님과 사람에게 사랑스러운 자가 되려면 어떻게 하면 좋을지 적고 나누어 보세요.

길을 걷다

한 주간 짧게라도 매일 자신의 성장 일기를 적어 보세요. 성장 일기에는 영적인 부분도 포함시켜 주세요.

☑ 체크리스트에 선생님의 사인을 받아 주세요.

에베이 주일

순종하는 청소년

읽을 말씀 에베소서 6:1~4 외울 말씀 에베소서 6:1

숲을 만나다

오늘 들은 말씀을 단어나 문장으로 정리해 봅시다.

주 안에서 → 부모 순종과 공경 → 약속 있는 첫 계명 → 형통과 장수의 복

자녀들은 부모님께 어떻게 해야 하나요?

자녀들아 주 안에서 너희 부모에게 [   ] 하라 이것이 옳으니라 네 아버지와 어머니를 [   ] 하라 이것은 약속이 있는 첫 계명이니(1~2절).

THE 하나바이블

하나님 나라의 자녀들은 부모님께 순종합니다.
주님 안에서 부모님을 공경하고 순종하는 것이 옳은 일입니다.

THE KINGDOM OF GOD IN THE BIBLE

나무를 보다

'우리 부모님도 엄마 아빠 역할이 처음이라서 시행착오를 겪으시는구나'라고 생각했던 적이 있나요?

영상 QR 코드

STEP 1

우리는 부모님의 사랑을 통해 하나님의 사랑을 배웁니다. 부모님의 사랑을 느낀 경험을 나누어 보세요.

열매를 맺다

STEP 2

성경은 부모님께 순종하고 공경하라고 말씀합니다. 부모님께 순종해야 할 부분과 공경을 표현할 수 있는 구체적인 방법은 무엇일지 적고 나누어 보세요.

길을 걷다

한 주간 스텝2에서 나눈 것을 모두 실천하고 부모님의 확인 메시지를 받아 주세요.

☑ 체크리스트에 선생님의 사인을 받아 주세요.

길을 걷다 체크 리스트

단원				
1단원	1과 선생님 사인	2과 선생님 사인	3과 선생님 사인	4과 선생님 사인
2단원	5과 선생님 사인	6과 선생님 사인	7과 선생님 사인	8과 선생님 사인
3단원	9과 선생님 사인	10과 선생님 사인	11과 선생님 사인	12과 선생님 사인
4단원	13과 선생님 사인	14과 선생님 사인	15과 선생님 사인	16과 선생님 사인
5단원	17과 선생님 사인	18과 선생님 사인	19과 선생님 사인	
6단원	20과 선생님 사인	21과 선생님 사인	22과 선생님 사인	
절기	종려주일 (고난주간) 선생님 사인	부활 주일 선생님 사인	청소년 주일 선생님 사인	어버이 주일 선생님 사인

마태복음			1	2	3	4	5	6	7	8	9	10	11	12	13	14	15	16	17	18	19
20	21	22	23	24	25	26	27	28	마가복음			1	2	3	4	5	6	7	8	9	10
11	12	13	14	15	16	누가복음			1	2	3	4	5	6	7	8	9	10	11	12	13
14	15	16	17	18	19	20	21	22	23	24	요한복음			1	2	3	4	5	6	7	8
9	10	11	12	13	14	15	16	17	18	19	20	21	사도행전			1	2	3	4	5	6
7	8	9	10	11	12	13	14	15	16	17	18	19	20	21	22	23	24	25	26	27	28
로마서			1	2	3	4	5	6	7	8	9	10	11	12	13	14	15	16	고린도전서		
1	2	3	4	5	6	7	8	9	10	11	12	13	14	15	16	고린도후서			1	2	3
4	5	6	7	8	9	10	11	12	13	갈라디아서			1	2	3	4	5	6	에베소서		
1	2	3	4	5	6	빌립보서			1	2	3	4	골로새서		1	2	3	4	데살로니가전서		
1	2	3	4	5	데살로니가후서			1	2	3	디모데전서		1	2	3	4	5	6	디모데후서		
1	2	3	4	디도서		1	2	3	빌레몬서			1	히브리서			1	2	3	4	5	6
7	8	9	10	11	12	13	야고보서			1	2	3	4	5	베드로전서			1	2	3	4
5	베드로후서			1	2	3	요한일서			1	2	3	4	5	요한이서			1	요한삼서		
1	유다서			1	요한계시록			1	2	3	4	5	6	7	8	9	10	11	12	13	14
15	16	17	18	19	20	21	22														

특별활동

활동 1 '마음 담아 너에게' 엽서 쓰기

청소년 시절 누군가 나에게 마음을 담아 진심으로 위로를 건넨다면 큰 힘이 됩니다. 말씀이 적힌 엽서에 마음을 담은 글과 함께 전달해 보세요. '마음 담아 너에게' 활동은 나 자신과 믿음의 공동체를 세우는 데 도움을 줍니다.

활동 2 하나 바이블 액자 만들기

추억은 우리 모두에게 소중합니다. 하나 바이블 액자에 주일마다 함께하는 반 사진을 넣어 보세요. 사진을 보면서 함께 믿음의 길을 걸어가는 소중한 선생님과 친구들이 있다는 것을 기억하면 힘이 납니다.

활동 3 하나 바이블 스티커

각 과의 시그니처 이미지와 다양하고 재미있는 그림의 스티커 활동 자료를 통해 핵심 내용을 기억하고 감수성 넘치는 일상을 구성합니다.

※ 특별 활동 자료는 부서와 교사, 학생의 상황에 맞게 자유롭게 사용할 수 있습니다.

특별활동 1 '마음 담아 너에게' 엽서 쓰기

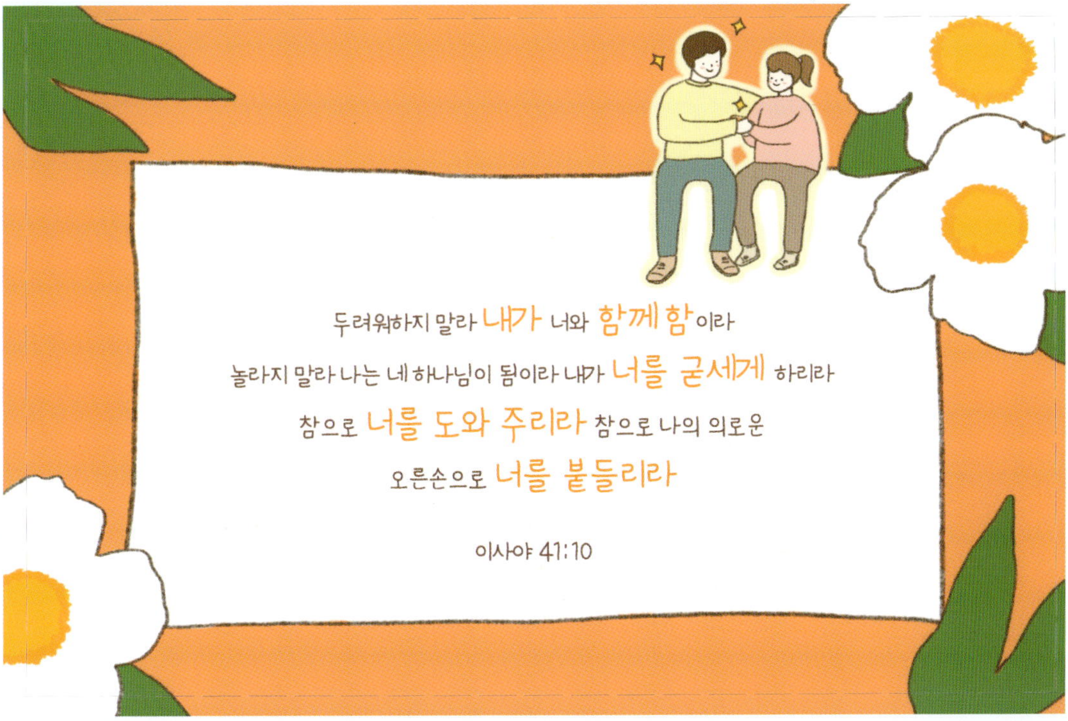

특별활동 1 '마음 담아 너에게' 엽서 쓰기

특별활동 1 '마음 담아 너에게' 엽서 쓰기

특별활동 1 '마음 담아 너에게' 엽서 쓰기

특별활동 2 하나 바이블 액자 만들기

하나바이블

청소년부 3과정 1학기 · 하나님 나라의 전파

3과정 1학기

하나님 나라의 전파

특별활동 3 하나 바이블 스티커

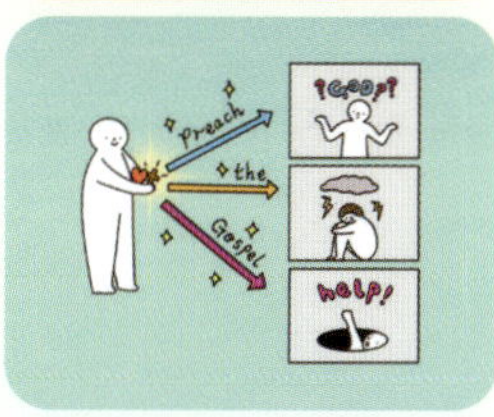

The Kingdom of God in the Bible
하나 바이블
하나님 나라의 전파

하나 바이블 청소년부
APP 다운로드 QR코드

하나 바이블-하나님 나라의 전파

청소년부 3과정 1학기